Fiscalità Step-By-Step

Guida pratica alla defiscalizzazione del tuo business

Luca Valori

Avv. Giammarco Di Battista

Indice

Fiscalità Step-By-Step 1

Indice 2

Introduzione 5

Fiscalità Italiana 7

    Introduzione 7

    Operare senza Partita IVA 9

    Operare con Partita IVA 14

    Regime forfettario 16

    Regime ordinario 20

    Considerazioni 30

Fiscalità Internazionale 32

Società Off-Shore 37

Chi può internazionalizzare? 40

Sede Societaria 44

Ufficio di rappresentanza 46

Normativa e controlli 48

Sanzioni 51

I parametri da considerare 53

Residenza fiscale personale 56

Analisi dei paradisi fiscali 60

   Emirati Arabi Uniti 62

   Portogallo 66

   Hong Kong 68

   Panama 71

   Inghilterra 74

   Seychelles 76

   Malta 78

   Cipro 81

   Principato di Monaco 83

   San Marino 85

   Stati Uniti D'America 87

   Irlanda 89

   Olanda 92

   Albania 94

   Lussemburgo 97

   Canarie 99

   Altri paradisi fiscali 101

   Black List 105

Architettura Fiscale 107

   Le valutazioni da fare 108

   La struttura interna 110

La struttura esterna 113
   La persona fisica 117

Gli obiettivi 118

I flussi monetari 120

Introduzione

Benvenuto nel mondo della fiscalità internazionale. In questo libro andremo a trattare le più importanti opzioni a disposizione per l'imprenditore digitale che intende affacciarsi fuori dallo stato italiano per avvalersi delle enormi opportunità che il mondo ha da offrire in termini di vantaggi fiscali e burocratici.

Andremo a scoprire i paradisi fiscali e le tassazioni agevolate, facendo un raffronto con la situazione fiscale in Italia e le diverse configurazioni per lavorare in maniera legale all'interno dello stato italiano, rispetto ai più importanti paradisi fiscali e regimi di tassazione convenienti che possiamo trovare, sia all'interno dell'Unione Europea che tra i paesi extra-UE.

Approfondiremo poi l'architettura fiscale e le infinite possibilità di ottimizzazione degli asset societari che questa disciplina ci offre, per l'imprenditore che desidera scalare la propria impresa ed è disposto a investire un capitale più importante in cambio di vantaggi estremamente importanti e ritorni ancora maggiori. Infine, andremo a capire quali sono gli obiettivi della pianificazione fiscale e quindi in quale direzione è opportuno muoversi in base al risultato che l'imprenditore vuole ottenere, perché situazioni personali e aziendali diverse richiedono, sempre e comunque, soluzioni personalizzate e ottimizzate ad-hoc.

Fiscalità Italiana

Introduzione

Questo libro è focalizzato sull'ottimizzazione del carico fiscale, di conseguenza il focus principale è sulla fiscalità internazionale. Infatti, è ben noto come in Italia la tassazione sia pesante e insostenibile per un imprenditore digitale che desideri avere successo e creare un patrimonio importante.

Tuttavia, è necessario iniziare con un capitolo intero dedicato alla fiscalità in Italia. Non mi rivolgo, infatti, solamente a imprenditori navigati e in grado di generare già svariate migliaia di euro ogni mese: se stai iniziando oggi, è fondamentale che tu conosca anche i pro e i contro del lavorare in Italia e le modalità più intelligenti per ottimizzare il carico fiscale sulla tua attività senza doverti necessariamente trasferire all'estero.

Oppure, potresti preferire rimanere in Italia per altri motivi, affetti personali, legami con il territorio o quant'altro. Non vogliamo lasciare nulla al caso, ed è per questo che nelle prossime sezioni andremo ad approfondire la fiscalità in Italia.

Operare senza Partita IVA

La domanda più frequente per il giovane imprenditore che vuole iniziare a lavorare su internet è senza dubbio questa.

È possibile operare senza partita IVA?

La risposta è si, e di seguito andremo a vedere come e a quali condizioni.

Tuttavia vorrei aprire una parentesi a questo proposito. Se hai intenzioni serie e sai che la tua strada sarà quella dell'imprenditoria digitale, hai degli obiettivi monetari ben precisi e ti vuoi presentare al meglio, una partita IVA è d'obbligo. Quando hai un obiettivo importante, la partita IVA non dev'essere un ostacolo ma uno strumento per gestire il tuo rapporto con il fisco e la legge – nel bene e nel male.

Infatti, possedere una partita IVA comporta anche una serie di vantaggi a cui, ovviamente, rinunci fino al momento in cui decidi di aprirla.

Il requisito fondamentale per operare senza partita IVA è relativo alla costanza dell'attività svolta. Infatti, è obbligatorio aprire una partita IVA per qualsiasi tipo di attività che sia svolta con una certa frequenza. Al contrario, se sei agli inizi e stai svolgendo un'attività saltuaria, episodica e sporadica, la partita IVA non è necessaria perché non si configurano i requisiti per un'attività imprenditoriale.

Se, invece, la tua attività è abituale, continuativa e organizzata, si tratta a tutti gli effetti di attività d'impresa e in questo caso è assolutamente necessario aprire una partita IVA.

Infatti, il lavoro autonomo occasionale è assolutamente legale ed è previso anche dal codice civile (articolo 2222).

Tuttavia, operare senza partita IVA non vuol dire evadere le tasse: al superamento della soglia dei 5000 euro l'anno, infatti, sarà necessario dichiarare con una normale dichiarazione dei redditi le proprie entrate.

Al contrario, invece, se il reddito è inferiore ai 5000 euro l'anno, è addirittura possibile non dichiararlo. In questo caso sarà sufficiente incassare ciò che hai percepito, senza l'obbligo di una ricevuta fiscale e di alcun tipo di dichiarazione. La fattura non fiscale, invece, è sempre obbligatoria: per la redazione è sufficiente utilizzare un template, ma consiglio di rivolgersi ad un professionista per farsi guidare nell'organizzazione dell'attività, anche al di sotto di questa soglia.

Considera, inoltre, che la soglia è rigida: se in un anno hai incassato 4999 euro, non sei soggetto ad alcun obbligo di dichiarazione. Al contrario, se incassassi anche un solo euro in più, diventerebbe obbligatoria la redazione della dichiarazione dei redditi. Attenzione quindi a questa soglia e a ciò che comporta.

Una leggenda metropolitana molto diffusa, purtroppo, è che superati i 5000 euro l'anno sia necessario aprire una partita IVA. Facciamo chiarezza una volta per tutte: non è così.

La partita IVA è necessaria se, e solo se, si svolge un'attività imprenditoriale continuativa, abituale e costante nel tempo. Superata questa soglia è necessario dichiarare quanto percepito, ma per farlo non è assolutamente obbligatorio possedere una partita IVA.

Tuttavia, è possibile ovviare a questo limite utilizzando un temporary shop, ovvero un periodo di prova. Si tratta di un ecommerce temporaneo, con una durata temporale ben definita: in questo caso non è necessario possedere una partita IVA in quanto viene meno il requisito della continuità nel tempo.

Per aprire un temporary shop è necessario utilizzare un servizio online che lo permetta, ad esempio il periodo di prova di Shopify è un'ottima soluzione, ma è anche necessario chiedere al comune di competenza l'autorizzazione all'avviamento di questa attività.

Con questo espediente del temporary shop, dunque, è possibile testare un ecommerce o un vero e proprio business in maniera totalmente legale e senza dover aprire una partita IVA, almeno inizialmente.

Qualora il test dovesse avere successo sarà possibile procedere all'apertura della partita IVA con un relativo professionista, avendo comunque la sicurezza di aver lavorato nella totale legalità.

Operare con Partita IVA

Operare con Partita IVA in Italia comporta una serie di possibilità, ma è possibile indicare un percorso-tipo dell'imprenditore, che viene scalato al crescere dell'attività.

Infatti, all'aumentare dei fatturati e dei numeri, è consigliabile modificare la forma della partita IVA o della società per ottimizzare il carico fiscale e ridurre i rischi sulla figura dell'imprenditore.

Si parte, infatti, da un regime forfettario, che permette una tassazione estremamente agevole ma con alcuni limiti – anche di fatturato. L'imprenditore passerà poi al regime ordinario, con una tassazione molto pesante ma spese fisse ridotte al minimo, per finire poi, eventualmente, con una società a responsabilità limitata, che comporta una tassazione inferiore e diversi vantaggi dal punto di vista della sicurezza personale dell'imprenditore, ma ha spese fisse decisamente più pesanti.

Andiamo ad analizzare nel dettaglio tutte queste possibilità.

Regime forfettario

Il regime forfettario è un particolare regime fiscale che lo stato permette di utilizzare all'imprenditore che sta iniziando un'attività imprenditoriale.

Il regime forfettario è un regime speciale che permette all'imprenditore di non essere soggetto alla tassazione IRPEF, la classica imposta sul reddito delle persone fisiche, ma si applica semplicemente un'imposta sostitutiva che va dal 5% al 15% in base ad alcuni requisiti che l'imprenditore può rispettare o meno.

Questa imposta sostitutiva, inoltre, non è calcolata sull'importo totale che l'attività ha fatturato, ma sul reddito imponibile: infatti, in base al tipo di attività, esistono dei coefficienti di redditività che determinano, mediamente, l'utile della tua attività.

Su questo utile, stimato sulla base di questi coefficienti, viene applicata l'imposta, che di fatto risulta essere quindi inferiore al 5-15% nominale di cui abbiamo parlato poco fa.

Oltre all'imposta sostitutiva, comunque, con il regime forfettario (così come con il regime ordinario), si è soggetti all'obbligo di versare i contributi INPS. Si tratta di un contributo che concorre al raggiungimento della pensione per l'imprenditore ed è calcolato in percentuale in base al reddito, ma con una tariffa minima fissa di circa 4000 euro l'anno – da versare trimestralmente.

In totale, quindi, il regime forfettario permette di avere una tassazione approssimativa del 30% - dal calcolare, però, sul fatturato e non sull'utile dell'azienda. Infatti, se la tua attività dovesse avere un margine ridotto, ad esempio il 20% di margine, ti troveresti a pagare in tasse soldi che non hai neppure incassato. Per questo motivo, il regime forfettario, pur essendo estremamente vantaggioso in determinate circostanze, non è sempre la soluzione migliore e potrebbe risultare addirittura in una tassazione superiore al netto incassato.

Il regime forfettario comporta una gestione molto economica. Infatti, non è necessario tenere complicate contabilità, non essendo possibile scaricare le spese non è neppure necessario mantenere le fatture degli investimenti aziendali, e in generale il carico burocratico su questo tipo di regime è minimo.

Infine, è necessario prestare attenzione al fatto che il regime forfettario non possa essere utilizzato da tutti i tipi di imprenditori. In particolare, è disponibile solamente per le ditte individuali, andando ad escludere automaticamente tutti i tipi di società, di persone o di capitali. Inoltre, le modalità con cui il regime forfettario agisce e tassa dipendono fortemente dal tipo di attività: il coefficiente di redditività di cui parlavamo prima può fare la differenza, perché ci permette di detrarre automaticamente dal fatturato una cifra che va dal 30% fino al

65%, in base al tipo di attività che l'imprenditore sta svolgendo.

Regime ordinario

Lo step successivo per l'imprenditore che vuole rimanere in Italia, ma non ha i requisiti per poter sfruttare il regime forfettario, è il regime ordinario.

Il regime ordinario può essere applicato ad una ditta individuale oppure ad una società di persone o di capitali – si applica, di conseguenza, l'imposta corrispondente (IRPEF per le persone fisiche o società di persone, IRES e IRAP per le società di capitali).

A questo va, sempre e comunque, sommato l'INPS che è obbligatorio indipendentemente dalla configurazione societaria con cui stiamo lavorando e che può diventare anche molto oneroso sul lungo periodo perché, anche con una società di capitali, viene calcolato sulla base dell'utile della società e non sul reddito effettivamente percepito dall'imprenditore.

In questa situazione possiamo considerare un

carico fiscale approssimativo del 60%. In questo caso è possibile dedurre tutte le spese che vengono sostenute per l'impresa, tuttavia tendenzialmente l'imprenditore digitale, a differenza di un'impresa tradizionale che ha investimenti in immobili, macchinari e personale, non ha necessità di grossi spese per le proprie attività quindi anche questo diventa un vantaggio marginale.

Esiste una versione parallela, chiamata "regime ordinario semplificato", che non necessita di alcuni adempimenti burocratici, tuttavia nel regime ordinario, semplificato o meno, la tassazione è decisamente più pesante rispetto al regime forfettario.

Abbiamo parlato poco fa della possibilità di lavorare con diverse configurazioni aziendali e societarie. Infatti, è possibile operare come persona fisica, oppure per mezzo di una persona giuridica che permette all'imprenditore di scollegare il proprio patrimonio da quello aziendale.

Le modalità più semplici, quindi la ditta individuale (la partita IVA personale) e le società di persone, le cui modalità più comuni possono essere la società semplice (SS), società in accomandita semplice (SAS), società a nome collettivo (SNC) permettono all'imprenditore di operare come persona fisica, direttamente nell'attività imprenditoriale.

Cosa significa ciò? Molto semplice: non esiste in questo caso uno "scudo" tra l'imprenditore e l'attività. Se l'attività ha problemi economici o legali, se dovesse avere debiti con fornitori o consulenti, se dovessero essere tentate delle cause da parte dei clienti, il responsabile sarebbe direttamente l'imprenditore stesso, con tutto il suo patrimonio personale.

Quindi, se l'imprenditore possiede una casa, un'auto e quant'altro, tutti questi beni saranno perennemente a rischio in caso di una gestione incauta – anche involontaria, dell'attività aziendale. Con i business online questa situazione è molto remota, però è possibile, ed è bene sapere che non esiste alcun tipo di difesa in caso dovesse verificarsi un problema di questo tipo. L'imprenditore e l'azienda, infatti, non sono due entità separate ma, a livello giuridico, vengono trattate come la stessa cosa.

Tutte le società di persone, inoltre, sono tassate ovviamente a livello personale, quindi tramite gli scaglioni IRPEF.

L'IRPEF è un'imposta progressiva che tassa il reddito con un'aliquota variabile che dipende dall'importo stesso.

L'aliquota IRPEF varia così:

- Fino ai 15.000 euro, è del 23%
- Fino ai 28.000 euro, è del 27%
- Fino ai 55.000 euro, è del 38%
- Fino ai 75.000 euro, è del 41%
- Oltre i 75.000 euro, è del 43%

Consideriamo, comunque, che si tratta di un'imposta progressiva, dunque, ad esempio, un reddito di 25.000 euro non è tassato interamente al 27% ma viene tassato al 23% sui primi 15.000 euro, mentre l'aliquota del 27% viene applicata solamente ai restanti 10.000 euro che "sforano" lo scaglione dei 15.000.

Questo ragionamento viene applicato anche a scaglioni multipli, per cui un reddito di 75.000 euro non è soggetto ad una tassazione reale al 43% che corrisponde a 32.250 euro, bensì verserà in tasse 25.420 euro, ovvero il calcolo fatto sulla base di tutti gli scaglioni, a partire da quello più basso.

Si tratta, comunque, di una tassazione molto importante che non farà piacere ad alcun imprenditore che riesca ad ottenere successo con la propria impresa, perché punisce, in un certo senso, chi riesce a ottenere grandi risultati.

Questo è ciò che accade con le società di

persone, oppure con la partita IVA da ditta individuale (quindi persona fisica).

Abbiamo visto, però, che esiste un'alternativa: le società di capitali, considerate come persone giuridiche.

Le società di capitali più diffuse sono le società a responsabilità limitata (SRL) e le società a responsabilità limitata semplificata (SRLS).

SRL e SRLS hanno entrambe lo stesso carico fiscale e sono sottoposte alle stesse regole, ma la SRLS permette di avere dei costi di avviamento inferiori ponendo alcuni limiti sullo statuto societario.

La differenza più importante delle società di capitali, rispetto alle società di persone, è la limitazione di responsabilità. Infatti, mentre abbiamo visto come nelle società di persone il patrimonio dell'imprenditore e quello della società siano, sostanzialmente, una cosa sola, ciò non avviene nelle società di capitali.

Una società di capitali, ad esempio una SRL, ha un proprio conto corrente, può avere intestati beni mobili e immobili, e questi costituiscono il patrimonio della società. Qualora la società dovesse contrarre debiti o avere problemi di natura legale o creditizia, i creditori potranno rivalersi solamente sul patrimonio della società – quindi sul capitale sociale e sui beni intestati alla società, mentre il patrimonio dell'imprenditore è salvaguardato completamente perché scollegato dagli asset societari.

Questo tipo di separazione patrimoniale, ovviamente, si applica se e solo se la società di capitali viene gestita secondo termini di legge, per evitare frodi o fallimenti pianificati al fine di truffare altre aziende o altri imprenditori, tuttavia se l'operato dell'imprenditore non è sospetto e non comporta problemi, il capitale dello stesso è salvaguardato da tutti i problemi della società – addirittura, in alcuni casi, è l'imprenditore stesso a configurarsi come creditore verso la propria società. Si tratta ovviamente di casi limite, che però rendono l'idea di come funzioni la separazione patrimoniale, che di fatto permette alla società di capitale di agire come se fossero una persona "diversa" dall'imprenditore. Viene definita, infatti, persona giuridica – in contrapposizione con la persona fisica, ovvero l'imprenditore.

Le società di capitali, inoltre, sono soggette ad una tassazione agevolata rispetto alle persone fisiche o alle società di persone. Non si applica, infatti, l'IRPEF, ma viene utilizzato l'IRES, l'imposta sul reddito societario.

L'IRES ha un'aliquota più bassa, fissata al 24%, senza avere a che fare con scaglioni o incrementi dipendenti dal fatturato. Di conseguenza, per un'impresa con utili interessanti, è conveniente per l'imprenditore operare tramite una società di capitali per avere accesso ad una tassazione inferiore.

È necessario specificare, comunque, che l'IRES

viene applicato sul reddito della società che però, per via della separazione patrimoniale di cui abbiamo parlato sopra, non è liberamente utilizzabile dall'imprenditore. L'imprenditore che vuole trasferire del capitale dalla società ai propri conti personali può ovviamente farlo, ma diventa soggetto a questo punto anche all'imposta sul reddito della persona fisica, l'IRPEF di cui abbiamo parlato prima.

Esistono anche altre modalità con cui l'imprenditore può entrare in possesso del capitale della società – ad esempio, se l'imprenditore lavora nella società, può essere assunto dalla stessa e versarsi uno stipendio, oppure un compenso amministratore se svolge anche questo ruolo, o ancora un rimborso spese in alcune condizioni.

Tuttavia, l'imprenditore passivo, che ha creato la società, ha assunto del personale ma non svolge alcun ruolo attivo all'interno della stessa, è soggetto ad una tassazione doppia – l'IRES sulla società, e poi l'IRPEF quando il reddito diventa personale.

A questo punto è necessario evidenziare il fatto che non c'è alcuna necessità per cui il reddito debba necessariamente diventare personale: molto spesso l'imprenditore, per minimizzare l'impatto dell'IRPEF, preleva dalla società solamente lo stretto necessario, mentre può gestire i propri investimenti tramite società holding che non sono soggette all'IRPEF e hanno, al contrario, una tassazione agevolata.

Considerazioni

Abbiamo visto quindi come funziona la fiscalità per chi desidera rimanere in Italia e operare all'interno delle possibilità che lo stato italiano ci mette a disposizione.

Avrai notato come le opzioni sono molte ma, a parte il regime forfettario che ha un forte limite di fatturato, la tassazione è sempre molto importante e questo pone un forte freno allo sviluppo e alla crescita del tuo business.

Infatti, da un lato ti troverai ad avere a che fare con flussi di cassa ridotti a causa della pressione fiscale, e dall'altro dovrai fronteggiare una burocrazia lenta e pesante, che ti costringe ad emettere fatture e ricevute ad ogni vendita, senza considerare gli oneri aggiuntivi che sono stati introdotti negli anni: la fatturazione elettronica, lo spesometro, il redditometro, l'esterometro, tutta la compliance IVA e tante, tante altre cose che dovrai tenere a mente durante la tua attività e che ti toglieranno tempo prezioso che avresti potuto dedicare, altrimenti, all'attività imprenditoriale.

Fiscalità Internazionale

In questo capitolo andremo ad analizzare la possibilità di lavorare con una fiscalità agevolata trasferendo la propria impresa – e la propria residenza, fuori dall'Italia.

Infatti, è noto come l'Italia sia in assoluto uno dei paesi meno favorevoli allo sviluppo di un'attività imprenditoriale, per questo motivo, nel momento in cui decidiamo di trasferirci al di fuori dello stato, ha senso scegliere paesi con una fiscalità estremamente agevolata per arrivare ad una tassazione effettiva nulla o quasi nulla.

Iniziamo con un breve glossario per andare a spiegare i termini che utilizzeremo all'interno di questo capitolo.

- Paradisi fiscali: si tratta di paesi a tassazione agevolata, ovvero che offre condizioni di tassazione molto favorevoli per redditi personali o societari. Si tratta quindi di paesi con tassazione minima o assente, oppure con obblighi e burocrazia molto semplici.

- Architettura societaria: è l'organizzazione di un insieme di società tramite uno schema che prevede l'utilizzo di diversi paesi per svolgere diversi tipi di attività. Ad esempio, esistono paradisi fiscali in cui è conveniente aprire una holding così come altri paradisi dove ha senso aprire una società operativa, mentre in altri ancora conviene trasferire la propria residenza. In base al tipo di attività e al proprio obiettivo personale, l'architettura societaria cercherà di sfruttare i punti di forza di ogni singolo paese e di minimizzare i punti deboli, trasferendo in un altro paese le operazioni che invece sono tassate pesantemente.
- Unione Europea: i paesi all'interno dell'Unione Europea sono, generalmente, sconvenienti per fare

impresa. Le imposte sono tendenzialmente alte, le sanzioni importanti e i controlli sono aggressivi. Inoltre, molto spesso si ha a che fare con burocrazie lente ed impegnative. All'interno dell'Unione Europea, l'Italia è addirittura tra i paesi meno favorevoli, ma questo non vuol dire che gli altri paesi all'interno della comunità siano dei paradisi fiscali.

- Paesi Extra-UE: si tratta dei paesi al di fuori dell'Unione Europea, in contrapposizione ai paesi UE per quanto riguarda pressione fiscale ma anche obblighi e legislazione.
- Aprire all'estero: ci sono diverse modalità per aprire all'estero, non è necessario aprire una società all'estero per avere una rappresentanza in un paese estero. Aprire all'estero non è una procedura difficile ma richiede un'adeguata pianificazione delle operazioni e

consapevolezza delle leggi e dei limiti di ogni paese.
- Gestione del denaro: avendo a che fare con una o più società è fondamentale sapere come gestire il denaro e i diversi flussi di cassa con cui avremo a che fare. Infatti, come imprenditori online, avremo a che fare con servizi come Stripe, PayPal, TransferWise e molti altri, ed è importante gestire i rapporti tra gestori di pagamento, banche e servizi finanziari.
- Controllo delle autorità: i controlli delle autorità, prima o poi, potrebbero arrivare. È necessario quindi prestare attenzione sia ad evitare, quando possibile, i controlli, sia effettuare un'adeguata pianificazione in modo che, se anche dovessero arrivare, sia tutto in regola e nel rispetto delle norme di ogni singolo paese.
- Sede legale fiscale: è la sede della società, non necessariamente

corrispondente con la residenza fiscale personale dell'imprenditore. La sede legale fiscale sarà scelta sulla base di necessità operative quali, ad esempio, la possibilità di avere una tassazione agevolata, manodopera a basso costo e quant'altro.

- Residenza fiscale personale: è dove l'imprenditore vive e, di conseguenza, paga le proprie tasse sul reddito personale. Per non essere soggetti all'IRPEF, l'unico modo è quello di spostare la propria residenza fiscale personale al di fuori dall'Italia, magari in un paradiso fiscale che permette di avere una tassazione personale nulla o quasi.

Società Off-Shore

Per internazionalizzare la propria azienda è quindi necessario aprire una società off-shore.

A questo punto è necessario un chiarimento: aprire una società off-shore è perfettamente legale, quando è fatto secondo i termini di legge. Infatti, ogni imprenditore ha la piena libertà sul luogo in cui aprire la propria società, ed è quindi sensato farlo dove riesce ad avere particolari vantaggi.

In base al tipo di attività che svolge l'imprenditore, potrebbe trattarsi di vantaggi di natura fiscale, oppure di natura operativa come ad esempio la presenza di materie prime a basso costo oppure di manodopera economica. Nel caso di un imprenditore digitale, tuttavia, buona parte di questi vantaggi risultano ininfluenti perché l'attività viene svolta in maniera elettronica per la maggior parte del tempo, ed è quindi sensato focalizzarsi sull'ottimizzare la pressione fiscale in modo da ottenere il massimo risultato economico dal proprio lavoro.

A questo proposito, è necessario aprire anche una parentesi relativa ai conti correnti. Infatti, è comune pensare che sia illegale, per qualche motivo, detenere conti correnti all'estero, sia intestati ad una società, sia ad una persona fisica. Chiariamo una volta per tutte: non è così. Il conto corrente è un "contenitore" che tiene i nostri capitali, ma questi capitali se sono regolarmente tassati e di provenienza lecita, possono essere tenuti senza nessun tipo di problema in un conto corrente anche fuori dall'Italia.

Infine, molto spesso si pensa che aprire una società off-shore sia estremamente costoso e quindi appannaggio solamente di ricchi imprenditori. La realtà è esattamente il contrario: è possibile aprire una società all'estero con capitali molto ridotti e costi di gestione minimi, decisamente inferiori all'equivalente italiano – per avere un esempio, una LTD inglese equivale in tutto e per tutto ad una SRL italiana, ma i costi di apertura e di gestione sono di gran lunga inferiori, senza neppure tenere in considerazione il risparmio fiscale che talvolta è enorme.

Chi può internazionalizzare?

Abbiamo visto che la possibilità di internazionalizzare la propria attività non è esclusivamente per i più ricchi imprenditori, ma è proprio una procedura alla portata di tutti e che può portare enormi vantaggi a qualsiasi persona si affacci al business.

In particolare, la possibilità di internazionalizzare il proprio operato esiste praticamente per tutti i liberi professionisti che possono lavorare online, per i consulenti, venditori, chiunque offra un servizio done-for-you digitale e, ovviamente, gli imprenditori digitali.

Tutte queste figure non hanno la necessità di trovarsi fisicamente in un determinato posto per poter svolgere il loro lavoro; al contrario, se il lavoro si adempie online, la posizione geografica non ha assolutamente alcun impatto sulla loro attività professionale. Per questo motivo queste figure sono spesso denominate "imprenditori digitali". Tuttavia, non facciamo confusione: non è necessario essere un imprenditore digitale per godere dei benefici di una società offshore, al contrario, gli imprenditori hanno sempre utilizzato questa opzione anche in passato, quando l'informatica e internet non erano neppure immaginabili.

Al giorno d'oggi, comunque, è inutile negare che questo argomento sia particolarmente attraente per gli imprenditori che lavorano nel web, e in particolare questo libro è focalizzato sulle soluzioni per chi si occupa di…

- Gestori siti web e marketers
- Ecommerce, dropshipping e private label
- Amazon FBA
- Self Publishing
- Venditori telefonici
- Social Media Manager
- Formatori e consulenti
- E tante, tante altre figure professionali che possono a tutti gli effetti lavorare

solamente grazie ad un computer ed una connessione ad internet.

Tuttavia, è necessario prestare la massima attenzione alla pianificazione della propria attività: l'architettura societaria, infatti, dev'essere definita nei minimi dettagli con un professionista, e informarsi con video su YouTube o da conoscenti non professionisti potrebbe avere risultati disastrosi sia nel breve termine (ad esempio l'impossibilità di operare per via di incompatibilità con i gestori di pagamento), sia nel lungo termine (come sanzioni estremamente pesanti).

È fondamentale diffidare, inoltre, dei professionisti che professano soluzioni semplicistiche o banali. Molto spesso, queste derivano dalla mancata conoscenza dei problemi a cui si può andare incontro – chi propone soluzioni studiate e articolate, spesso, lo fa con una valida ragione.

Per questo motivo ti consiglio, sempre e

comunque, di rivolgerti ad un professionista quando hai a che fare con questo genere di pianificazione e devi prendere delle decisioni che avranno un impatto importante sulla tua vita, sulle tue finanze e sul futuro della tua attività.

Il mio mantra, nella pianificazione delle architetture societarie per i miei clienti, è il seguente:

- Non sottovalutare il passato
- Programmare il presente
- Pianificare il futuro

Infatti, una pianificazione fiscale perfetta viene fatta sulla base del passato del cliente, che è fondamentale per capire cosa il cliente può fare e non può fare, quali rischi può correre e a quali problemi può andare incontro. A partire quindi dal passato del cliente è necessario pianificare la soluzione migliore per il futuro, con un occhio rivolto anche ai futuri cambiamenti sociali e politici degli stati coinvolti.

Sede Societaria

Nella pianificazione fiscale è fondamentale il concetto di società off-shore, ovvero società con sede legale e fiscale all'estero.

Nel momento in cui la società è fondata all'estero, questa potrebbe non essere, per lo stato italiano, fiscalmente residente nel paese della sede legale. Infatti, lo stato italiano prende in esame alcuni aspetti della società e dell'amministrazione della stessa:

- La sede legale effettiva deve essere in un paese estero (fuori dall'Italia)
- Centro effettivo degli interessi della società
- Dov'è il coordinamento della società
- Dove è prevalentemente svolta l'attività della società
- Dov'è presente il patrimonio della società
- Dove si trova il centro di direzione e di controllo della società

- Dov'è eventualmente una stabile organizzazione della società
- Dove sono i clienti della società
- Qual è la sede dei server o dell'hosting della società

In caso anche solo uno di questi elementi risulti essere fisicamente in Italia, si corre il rischio che la società venga considerata fiscalmente residente in Italia e, quindi, debba versare le proprie tasse al fisco italiano.

Ufficio di rappresentanza

L'argomento dell'ufficio di rappresentanza è molto spesso sottovalutato ma è, in realtà, molto importante.

L'ufficio di rappresentanza è un'entità, costituita su un paese, che non svolge attività economica ma solamente un'attività di vetrina.

Ad esempio, una società estera situata ad esempio a Dubai, può costituire un ufficio di rappresentanza in Italia. In questo caso, siccome l'ufficio di rappresentanza non possiede una stabile organizzazione (non svolge alcuna attività), non sarà soggetto a tassazione in Italia.

L'ufficio di rappresentanza può essere considerato come una sede secondaria, è sottoposto solo in parte alla legge italiana, non è considerato come una stabile organizzazione ma solamente come vetrina. Lo scopo di questo ufficio di rappresentanza non è quello di fare business ma di fare informazione.

Normativa e controlli

Andiamo a vedere il quadro normativo di riferimento, quindi l'ambiente legale e pratico in cui andremo ad operare.

Il nostro tipo di attività di pianificazione fiscale, con l'evoluzione dei sistemi di controllo e l'inasprimento delle tassazioni in Unione Europea, ha portato ad avere strutture anche molto complesse e aggressive – anche grandi gruppi internazionali hanno ramificazioni in tutto il mondo e fanno largo uso delle agevolazioni che ogni paese ha da offrire.

Esiste un sistema di scambio di informazioni tra gli istituti bancari e le amministrazioni dei vari paesi, quindi i controlli esistono e queste informazioni vengono condivise tra i diversi paesi allo scopo di riuscire a identificare e aggredire gli evasori fiscali.

Il TUIR è il testo unico imposte sui redditi, ovvero il regolamento che disciplina tutta la materia fiscale in Italia, mentre l'ADE (Agenzia delle Entrate) è l'organo competente dei controlli sui flussi economici.

Ma in pratica come vengono fatti i controlli? L'Agenzia delle Entrate controlla con particolare attenzione i flussi finanziari transfrontalieri (cross border trading), ovvero i soldi in entrata e in uscita dall'Unione Europea.

Il CRS (Common Reporting Standard) è un sistema di scambio di informazioni che ha luogo nei paesi OSCE (Organizzazione per la Sicurezza e Cooperazione in Europa).

Per chi opera negli Stati Uniti, è importante anche conoscere il FATCA (Foreign Account Tax Compliance Act), ovvero un accordo simile al CRS, e l'IRS (Internal Revenue Service), che equivale all'Agenzia delle Entrate sul territorio americano.

I DAC (Directive on Administrative Cooperation) e l'ATAD (Anti Tax Avoidance Directive) dettano le normative europee che tutti gli stati membri devono implementare per rimanere compliant allo standard dell'Unione Europea per la lotta all'evasione fiscale.

Abbiamo poi i trattati bilaterali sulle doppie imposizioni e anche i trattati multilaterali, che sono accordi tra due o più stati per tutelare l'imprenditore ed evitare che lo stesso reddito venga tassato più volte da stati diversi.

Si ha quindi la massima trasparenza tra istituti bancari e autorità: addirittura, possono essere le banche stesse a segnalare alle autorità eventuali illeciti, se dovessero identificare movimenti sospetti da parte dei loro clienti.

Sanzioni

Andiamo ad approfondire un aspetto che è sempre sottovalutato da parte dei consulenti che lavorano in questo settore: quello delle sanzioni, amministrative o addirittura penali.

Il primo concetto da approfondire è quello dell'esterovestizione (art. 73 del TUIR). Si tratta della fittizia localizzazione all'estero di un'attività che lavora, in realtà, in Italia. Con l'esterovestizione di va incontro a sanzioni sia amministrative che penali, e si toccano sia i reati di evasione fiscale che di elusione fiscale.

L'evasione fiscale è un illecito vero e proprio, che può avere conseguenze sia amministrative che penali, ed è composta da una serie di micro-comportamenti che possono essere:

- Dichiarazione infedele dei redditi
- Dichiarazione omessa dei redditi
- Omesso versamento dell'IVA e delle ritenute certificate

- Emissione di fatture false
- Occultamento e distruzione di documenti contabili

Le sanzioni possono essere anche molto importanti e arrivare addirittura alla reclusione dell'imprenditore.

L'elusione fiscale, invece, è un abuso del diritto commesso dal contribuente che tenta di ridurre il carico fiscale e si tratta solamente di un reato amministrativo, che può comportare sanzioni pecuniare ma non arriva ad avere conseguenze penali.

I parametri da considerare

Abbiamo visto, quindi, che è possibile per qualsiasi imprenditore internazionalizzare la propria azienda.

Ma come si fa a scegliere il posto giusto in cui farlo? In quale paese è meglio aprire una società o una holding, o dove è meglio trasferirsi?

Andiamo ora a vedere i parametri da tenere in considerazione per analizzare, poi, le nostre opzioni e di conseguenza avere un quadro completo di ciò che il mondo della fiscalità internazionale ha da offrire agli imprenditori digitali.

Quando valutiamo un paese, idealmente cerchiamo...

- Pressione fiscale ridotta o assente
- Pressione contributiva ridotta o assente
- Burocrazia semplificata

- Possibilità di fare impresa in modo più competitivo
- Infrastrutture funzionanti che permettano di lavorare al meglio
- Dogane veloci
- Costo del lavoro concorrenziale
- Di conseguenza, profitti elevati!

Un'altra discriminante importante per il paese che andremo a scegliere è il tipo di tassazione.

Infatti, esistono paesi in cui la legge, pur prevedendo tasse anche importanti, ci permette in alcune situazioni di essere esente dal pagamento delle stesse – in particolare, in caso di flussi di cassa da società estere.

Evidenziamo quindi quattro possibilità per quanto riguarda il tipo di tassazione:

- Paesi a tassazione territoriale che non disciplinano le società estere, nei quali sono tassati solamente i redditi prodotti all'interno del paese – e quindi i dividendi di una società estera sono essenzialmente esentasse.

- Paesi a tassazione territoriale che disciplinano le società estere, nei quali potrebbe essere invece prevista una tassazione sui redditi esteri – spesso una flat-tax.
- Paesi a tassazione worldwide, dove è tassato qualsiasi tipo di reddito, che sia estero o prodotto all'interno del paese.
- Paesi a tassazione worldwide con flat-tax per redditi esteri, che permettono di applicare una flat-tax sui redditi che arrivano dall'estero dello stato, generalmente allo scopo di attirare capitali all'interno del paese.

Residenza fiscale personale

Un argomento che è poco trattato, perché molto tecnico e complesso, è quello della residenza personale.

Infatti, andremo a vedere quali sono i requisiti per avere una residenza fiscale personale fuori dall'Italia, sia secondo le leggi dell'Italia stessa, sia secondo le regole OCSE a cui l'Italia è soggetta. È importante evidenziare che, in caso di discordanze tra le due regole, quelle OCSE siano considerate superiori e da applicare, in quanto si tratta di trattati internazionali validi ad un livello superiore rispetto al singolo paese.

Per quanto riguarda l'Italia, un requisito fondamentale per non essere considerato residente è quello di risiedere fisicamente, per oltre metà anno, fuori dal territorio nazionale. Di fatto, quindi, l'Italia richiede di essere per almeno 183 giorni l'anno in territorio estero, non necessariamente quello del paese di residenza: l'importante è essere fuori dall'Italia.

Questi 183 giorni decorrono a partire dalla data di iscrizione all'AIRE, ovvero all'anagrafe dei cittadini italiani residenti all'estero. L'iscrizione all'AIRE è obbligatoria per chiunque voglia spostare la propria residenza al di fuori del territorio italiano, ma si tratta di una condizione necessaria ma non sufficiente per la residenza al di fuori dello stato. Infatti, oltre all'iscrizione AIRE, se l'imprenditore sposta la propria residenza in un paradiso fiscale sarà suo onere quello di dimostrare effettivamente di vivere fuori dall'Italia – l'onere della prova viene invertito e, di fatto, l'imprenditore risulta colpevole fino a prova contraria, la cui dimostrazione è a carico dell'imprenditore stesso.

Alle regole italiane, come abbiamo visto, si vanno a sovrapporre quelle OCSE. L'OCSE definisce una serie di tie-breaker rules, ovvero di regole da applicare in caso la residenza fiscale di una persona fisica non dovesse risultare ben definita, come in un caso di doppia residenza fiscale.

Le tie-breaker rules sono delle regole da leggere e interpretare in ordine gerarchico – ovvero, quando una di queste regole determina in modo inequivocabile la residenza fiscale della persona fisica, non è necessario procedere oltre con l'applicazione delle altre regole.

Queste regole sono, in ordine:

- Abitazione permanente
- Centro degli interessi vitali ed economici
- Soggiorno abituale
- Nazionalità

Vediamo che alcuni di questi requisiti sono in contrapposizione con quelli dell'Italia. Ad esempio, la prima tie-breaker rule dice che la residenza fiscale personale è nel luogo dell'abitazione permanente, e non fa riferimento in alcun modo all'iscrizione all'AIRE. In queste situazioni, comunque, la Corte di Cassazione ha stabilito che le regole OCSE prevalgono su quelle dello stato singolo, dando la precedenza alla situazione "di fatto" rispetto a quella formale.

In pratica, quindi, anche se dovesse mancare la formalità dell'iscrizione AIRE, qualora secondo le norme OCSE l'imprenditore potesse dimostrare di vivere all'estero, lo stato italiano non potrebbe comunque pretendere l'applicazione delle imposte italiane.

Analisi dei paradisi fiscali

In questo capitolo andremo ad analizzare, caso per caso, i principali paradisi fiscali con relativi vantaggi e svantaggi di ognuno.

Ho preso in considerazione, in particolare, i paesi con un'infrastruttura che permetta ad un imprenditore digitale di lavorare al meglio – per assurdo, infatti, se anche un paese africano offrisse condizioni ottimali dal punto di vista fiscale, l'assenza e l'instabilità delle infrastrutture non lo rendono il posto ideale per un imprenditore digitale che ha bisogno di una connessione ad internet sempre attiva e performante, e comunque che permettano un livello di qualità della vita alto.

Per ogni paese andremo ad analizzare la situazione sia dal punto di vista societario che personale, ricordo infatti che non è necessario costituire la società con cui si opera nello stesso paese in cui si ha la residenza fiscale personale, e ci sono situazioni in cui, al contrario, è espressamente sconsigliabile.

Emirati Arabi Uniti

Gli Emirati Arabi Uniti, e in particolare Dubai, sono il paese più "alla moda" per quanto riguarda l'imprenditoria digitale. Andiamo quindi a scoprire perché.

Gli Emirati Arabi Uniti sono uno stato federato, costituiti da singoli stati gestiti appunto dagli emiri; Dubai è uno di questi emirati. All'interno degli Emirati Arabi Uniti è possibile costituire una società in una free zone, ovvero zone economiche speciali, che permettono di avere una tassazione sui profitti nulla (0%), a patto che i profitti siano generati al di fuori del territorio emiratino.

Al contrario, invece, una società che opera sul territorio è soggetta all'IVA del 5%.

I costi di costituzione di una società in una free zone sono estremamente convenienti rispetto all'Italia, anche se non si tratta dell'opzione più economica con cui partire. Al contrario, invece, i costi di gestione della società sono ridotti al minimo e risultano convenienti anche rispetto agli altri paradisi fiscali.

Il vero vantaggio di avere una società negli Emirati Arabi Uniti è quello di godere del segreto societario: infatti, alla costituzione di una società, non è possibile risalire al titolare della società stessa, neppure in caso di controllo da parte delle autorità estere.

Infatti, le autorità delle free zone sono legalmente in grado di confermare o meno l'esistenza di una società, ma non possono in alcun modo diffondere informazioni private sui soci di una determinata società – neppure le loro generalità.

Aprire una società a responsabilità limitata negli Emirati Arabi Uniti non richiede un capitale societario minimo – in Italia, per aprire una SRL sono necessari almeno 10 mila euro da versare come capitale sociale. Questo è un ulteriore grande vantaggio perché l'imprenditore digitale non ha, generalmente, bisogno di versare un grosso capitale sociale e in molti casi potrebbe anche non averlo a disposizione.

A differenza di altri paesi, in questo caso è possibile che la società sia gestita interamente da un residente estero, quindi non è necessario vivere negli Emirati Arabi Uniti per aprire una società in una free zone sul territorio.

Per quanto riguarda la residenza fiscale personale, la procedura è piuttosto semplice ed è molto interessante perché anche in questo caso, la tassazione è allo 0%. Per avere la residenza è necessario ottenere un Emirates ID, una sorta di codice fiscale emiratino, ma il procedimento burocratico per ottenerlo è relativamente semplice e rapido, a differenza di altre giuridstizioni.

Poiché la tassazione è nulla, tutti i redditi che arrivano dall'estero, oppure da una società in una free zone, non sono tassati in alcun modo.

I costi di trasferimento non sono molto economici se si considera il semplice trasferimento, mentre la configurazione completa di trasferimento e apertura di società comporta delle spese in linea con altri paesi, se non inferiori perché sarà la società stessa ad aiutare l'imprenditore con l'ottenimento della residenza.

Per mantenere la residenza fiscale negli Emirati Arabi Uniti non è necessario risiedere nel territorio per oltre metà anno come è invece richiesto per l'Italia o altri paesi, è sufficiente entrare nei confini del paese almeno una volta ogni sei mesi, anche solo per un giorno. Quindi, in un caso estremo, sarebbe possibile ottenere la residenza negli Emirati Arabi Uniti passando sul territorio solamente due giorni durante l'anno.

Portogallo

Un'altra meta molto famosa in questo periodo per la residenza fiscale personale è il Portogallo – che non è però altrettanto consigliabile per le società.

In Portogallo, infatti, esiste un regime particolare denominato NHR (non habitual residence), che porta con sé un enorme beneficio a livello fiscale per le persone fisiche: infatti, un residente in portogallo iscritto al regime NHR può godere di una tassazione nulla su tutti i redditi di origine estera generati da capital gain, royalties, interessi e dividendi, ed è quindi perfetta da abbinare ad una società che deve essere, ovviamente, sita fuori dal paese in modo da poterci portare dei dividendi di origine estera.

Probabilmente non sarà il tuo caso ma lo stesso regime NHR permette, inoltre, di ricevere una pensione da un paese estero con una tassazione minima del 10% e di lavorare in qualità di dipendente o lavoratore autonomo in alcuni settori particolari, con una aliquota fissa al 20%, anche se il reddito non ha origine estera.

Il trasferimento in Portogallo è molto economico e anche semplice perché si tratta di un paese all'interno dell'Unione Europea – con vantaggi e svantaggi, oltre ad essere a sole due ore di volo dall'Italia. Questa politica è stata messa in atto con lo scopo di attirare sul suolo portoghese una buona quantità di persone che abbiano una buona capacità di spesa e quindi che, pur non pagando tasse, contribuiscano a stimolare l'economia e le attività locali nel paese, generando un forte boost economico.

Hong Kong

Hong Kong è uno dei poli finanziari ed economici internazionali più importanti. Si tratta di una zona a statuto speciale all'interno del territorio cinese e, ripercorrendo la storia di Hong Kong, si capisce facilmente il motivo.

La città era, infatti, una colonia britannica e ha ereditato di conseguenza il sistema di common law inglese, che comporta un regime fiscale di favore.

Le infrastrutture sono estremamente sviluppate e la legge è estremamente favorevole alle società e agli imprenditori, per questo motivo è diventato una delle mete più interessanti per gli imprenditori digitali. Anche il sistema bancario è molto efficiente e permette di lavorare in maniera efficace e serena.

Per quanto riguarda le società, infatti, la tassazione sui profitti è assente e la costituzione è molto economica. Meno economica è invece la gestione, che è allineata con la media dei paesi che andremo a vedere – comunque decisamente meno onerosa dell'Italia, come tutti i paradisi fiscali che andiamo ad analizzare.

Non esiste un capitale minimo per fondare la società, tuttavia i costi di gestione risultano alti perché è necessario tenere una contabilità obbligatoria – che comunque rimane privata e non è pubblicata in alcun registro.

Un aspetto importante di Hong Kong da tenere a mente è che gli amministratori sono menzionati nei registri pubblici. Non esiste quindi il segreto societario di cui abbiamo parlato nel capitolo relativo agli Emirati Arabi Uniti, perché per ogni società è pubblicamente accessibile anche il nome del relativo socio amministratore. Al contrario, però, non sono pubblici i bilanci delle società ed è quindi garantito un buon livello di privacy perché, sebbene si sappia chi è l'amministratore di una società, non sarà possibile per nessuno scoprire il fatturato della società e i relativi conti economici.

Così come succede negli Emirati Arabi Uniti, anche a Hong Kong una società può essere detenuta al 100% da un soggetto estero, e non è quindi necessario essere residenti nella città per aprire e gestire una società.

Panama

Panama è, in un certo senso, l'emblema dei paradisi fiscali. Infatti, è a Panama che si è iniziata a studiare la materia della fiscalità internazionale ed è, storicamente, il paradiso fiscale più famoso in assoluto – noto anche per lo scandalo di Panama Papers, nel quale si è scoperto che lo studio legale Mossack Fonseca gestiva centinaia di migliaia di società per conto terzi, detenute da soggetti esteri.

Il tutto sarebbe stato perfettamente legale, se non fosse che alcune di queste società erano utilizzate, direttamente o indirettamente, per scopi illeciti in altri paesi ed erano collegate con la criminalità organizzata o con architetture di evasione fiscale non legali da parte di migliaia di imprenditori statunitensi.

Per quanto riguarda le società a Panama, si può godere di una tassazione assente sui profitti esteri, al pari di Hong Kong e degli Emirati Arabi Uniti, e costi di costituzione di una società assolutamente abbordabili, nella media rispetto ai paesi presi in considerazione; i costi di gestione delle società, invece, sono molto bassi e decisamente convenienti.

A Panama, inoltre, non esiste la possibilità di avere audit su una società – ovvero, non vengono svolte indagini sulle società da alcuna autorità statale.

I nomi degli amministratori della società sono pubblici e, per la costituzione della società sono necessari tre direttori, oltre all'azionista, tuttavia è interessante notare che non è pubblicato il nome dei soci, che invece rimangono anonimi.

Per quanto riguarda il capitale sociale, non esiste un capitale versato minimo obbligatorio e anche i costi di gestione sono ridotti all'osso perché la contabilità, seppure obbligatoria, non comporta obblighi particolari.

Anche il sistema bancario è di buon livello e permette di operare a livello mondiale senza particolari problemi o criticità.

Inghilterra

Anche il Regno Unito è uno dei posti più importanti e famosi per l'apertura di una società offshore. In particolare Londra è estremamente sviluppata dal punto di vista dei servizi a disposizione delle aziende.

In Inghilterra la tassazione sui profitti esteri non è nulla, ma esistono una serie di agevolazioni che permettono alla società di godere di una tassazione estremamente ridotta denominata "Agency Company", che in congiunzione con una società esterna al Regno Unito, permette di godere di un'aliquota ridotta al 5%.

Questa configurazione di società agente permette all'imprenditore di godere di una tassazione estremamente ridotta pur lavorando con una società in un paese con una ottima reputazione societaria e bancaria.

Gli amministratori della società, così come i soci della stessa, sono iscritti ad un registro pubblico, che è liberamente consultabile, dunque nel Regno Unito non si gode della segretezza societaria. E' possibile aprire una società anche da parte di un residente estero e non è necessario avere partecipazioni da parte di residenti sul territorio inglese.

Per quanto riguarda la tassazione, se la società non agisce come agency company, si è soggetti ad una tassazione al 21% se gli utili sono inferiori ai 300.000£ l'anno, mentre al di sopra di questa soglia viene applicata un'aliquota a scaglioni simile all'IRPEF in Italia.

La costituzione di una società inglese non richiede un capitale minimo e ha costi di apertura molto ridotti, mentre la gestione, per quanto semplice, richiede comunque un minimo di contabilità.

Seychelles

Le Seychelles sono un arcipelago di isole situato in Africa orientale, uno dei più noti paradisi fiscali al mondo.

La tassazione sui profitti esteri alle Seychelles è infatti nulla, così come tutte le altre proposte che abbiamo visto in questo capitolo, ma ciò che rende davvero interessante questo paradiso fiscale è il segreto societario: non esiste infatti un registro pubblico dei soci e degli amministratori delle società che hanno sede nell'arcipelago, rendendola quindi una soluzione molto interessante per motivi di privacy.

Un'altra particolarità delle Seychelles è la possibilità di aprire un conto corrente in una banca vera e propria, interamente online. Infatti, è una delle poche opzioni che abbiamo per aprire una società ed un conto corrente senza dover viaggiare fisicamente nel paradiso fiscale in cui si vuole aprire.

Per quanto riguarda i costi, una società alle Seychelles è relativamente economica sia da aprire che da gestire, tuttavia è necessario un minimo di contabilità che sarà da mettere in conto prima di iniziare con i lavori. Anche in questo caso, la società può essere interamente posseduta da un soggetto residente fuori dall'arcipelago.

Malta

Malta è storicamente uno dei paradisi fiscali più famosi – sia per essere all'interno dell'Unione Europea, sia per una serie di scandali che hanno visto proprio Malta come protagonista di problemi con il riciclaggio di denaro e altre attività illecite, che hanno costretto lo stato e le banche ad aderire ad una serie di normative che limitano in parte i vantaggi di questa giurisdizione.

La tassazione a Malta è, comunque, molto favorevole ancora oggi. Si tratta infatti di un'aliquota del 30%, che però viene ridotta al 5% se il socio titolare non è residente a Malta, tramite un meccanismo di rimborso: la società versa il 30% dell'utile come tasse, ma gli viene restituito il 25%; da qui si arriva ad una tassazione effettiva del 5% sull'utile per le società maltesi gestite da soggetti non residenti sul territorio.

I costi di costituzione e di gestione per una

società maltese sono relativamente alti: esistono infatti degli obblighi di contabilità e serve una gestione oculata da parte di un consulente per riuscire ad ottenere il rimborso del 25% delle tasse una volta che queste sono state versate.

Malta è fortemente orientata verso lo sviluppo aziendale ed è la sede di numerose aziende che lavorano nei settori del gambling, della gestione di fondi, dell'emissione di carte di pagamento e di criptovalute. In questi settori fortemente regolamentati altrove, infatti, è possibile ottenere forti agevolazioni dal punto di vista burocratico.

Per la costituzione della società è necessario versare almeno il 20% del capitale sociale, che dev'essere almeno di 1200 euro, quindi è necessario versare come minimo 240 euro per la costituzione societaria.

La società così generata sarà una IBC, quindi una società a responsabilità limitata assimilabile a una SRL in Italia.

Il sistema bancario maltese è molto efficace e famoso in tutta Europa, tuttavia non sarà sempre semplice l'apertura di un conto corrente nello stato.

Cipro

Uno dei paradisi fiscali meno noti – e per certi versi anche meno attraenti, è Cipro. Si tratta di un'isola con una storia simile a quella di Malta, ma segnata da un fallimento totale del sistema bancario. Infatti, in passato le piccole banche cipriote si sono trovate a dover gestire fondi enormi, che venivano depositati senza particolari controlli, e questo ha portato a forti difficoltà che sono state risolte solo in tempi recenti grazie all'intervento dell'Unione Europea.

Ad oggi, la tassazione su Cipro è del 12.5% sui profitti, quindi decisamente più alta rispetto ad altre opportunità anche all'interno dell'UE, e possedere una società a Cipro, nonostante non sia obbligatorio versare il capitale sociale, comporta costi di apertura e di gestione molto alti, con relativi obblighi contabili. Inoltre, trattandosi di un paese soggetto alle normative dell'Unione Europea, non esiste alcun tipo di segretezza societaria o bancaria, e i nomi dei soci amministratori sono pubblicati in un registro delle società, pubblicamente consultabile.

A Cipro, comunque, è possibile possedere una società anche per soggetti residenti all'estero, senza partecipazioni da parte di persone residenti, e la società equivalente alla SRL italiana è una Società Privata per Azioni.

Principato di Monaco

A differenza della maggior parte dei paesi che abbiamo analizzato finora, il Principato di Monaco è ottimale per lo spostamento della residenza fiscale personale e non per quella societaria.

Infatti, la tassazione sui profitti esteri personali è nulla, tuttavia i costi di trasferimento sono decisamente alti per via dei requisiti che il trasferimento di residenza comporta, tra cui il possedimento di un'abitazione e l'apertura di un conto corrente con un versamento minimo di 500.000 euro.

Il Principato di Monaco è interessante perché è storicamente un paradiso fiscale molto importante: infatti, già dal 1869 è stata abolita interamente la tassazione sui redditi personali, e quindi da oltre 150 anni esiste un regime esentasse per chi riesce ad ottenere una residenza all'interno del Principato.

Per quanto riguarda le imprese, al contrario, se l'azienda produce oltre il 25% del fatturato da fonti estere, è presente una particolare aliquota al 33.33%, che pur essendo conveniente rispetto agli standard italiani, risulta essere molto più alta rispetto ad altre opzioni che abbiamo visto in precedenza.

L'azienda che, invece, produce più del 75% del proprio reddito all'interno dello stato, è completamente esente da tassazione. Tuttavia, per un imprenditore digitale, non è possibile limitare il proprio mercato su un paese così piccolo, e risulta quindi essere un'opportunità che difficilmente riuscirai a cogliere.

In ogni caso, i costi di gestione delle società nel Principato di Monaco sono comunque elevati, è necessaria una contabilità e quindi non è un paese consigliabile in cui possedere una società.

San Marino

San Marino è ormai nota per la possibilità di depositare importanti quantità di denaro nelle banche, senza particolari controlli. Infatti, storicamente, persone di tutte le estrazioni professionali – non necessariamente grandi imprenditori, depositavano nelle banche di San Marino contanti, gioielli e altri materiali preziosi che si voleva nascondere agli occhi del fisco italiano.

Per questo motivo, ad oggi non è uno dei paradisi fiscali consigliabili per via della reputazione non ottimale, al pari di Malta.

Per quanto riguarda la residenza personale, a San Marino i redditi personali sono tassati al 5% mentre è possibile, per i soggetti non residenti, ricevere royalty con un'aliquota fissa al 20%.

Per quanto riguarda la costituzione di una società a San Marino, invece, i costi di gestione e di apertura sono molto alti, tuttavia c'è il vantaggio di non essere soggetti all'IVA che, a San Marino, non esiste.

Stati Uniti D'America

Gli Stati Uniti non sono ovviamente un paradiso fiscale, ma è necessario approfondire questo paese perché diversi imprenditori digitali si troveranno a fare business negli USA ed è fondamentale, quindi, conoscere le implicazioni di questa scelta e come è possibile lavorarvi.

Gli Stati Uniti sono, ovviamente, uno stato federale. Dunque, ogni singolo stato all'interno del territorio statunitense ha un certo livello di autonomia. In questa sezione andremo a parlare di quelli che sono tutti i punti in comune tra questi stati, ma è bene evidenziare che esistono, in realtà, dei veri e propri paradisi fiscali come il Delaware e la Florida, tuttavia questa non è la norma per gli Stati Uniti, ma si tratta di casi particolari ed eccezioni.

La tassazione negli Stati Uniti non è ovviamente nulla, ma c'è il forte vantaggio di avere a che fare con una burocrazia estremamente semplice che permette di avere dei costi di gestione relativamente bassi e lavorare con tempi molto rapidi.

Anche in questo caso non sarà obbligatorio avere un socio o amministratore americano, quindi una società può essere gestita interamente da un amministratore residente all'estero, e non è neppure necessario un capitale minimo da versare.

La tipologia di società è a responsabilità limitata, le opzioni sono LLC oppure Corporation, con differenti trattamenti a livello fiscale e burocratico.

Aprire una società negli Stati Uniti permette, sempre e comunque, di aprire un conto corrente negli Stati Uniti – in una banca vera e propria, non solamente nei servizi online. Tuttavia, in questo caso è necessario recarsi fisicamente sul territorio statunitense per l'apertura del conto corrente.

Irlanda

Anche l'Irlanda non è un vero e proprio paradiso fiscale, ma gode di una tassazione agevolata sui business di nuova generazione – sviluppo siti internet e tutto ciò che ha a che fare con le nuove tecnologie.

L'Irlanda, infatti, attua una serie di politiche che puntano ad attrarre le aziende ed è diventato per questo il punto d'ingresso in Europa di molte aziende americane o comunque extraeuropee (tra cui le grandi aziende della Silicon Valley), che dovendo aprire una sede in Unione Europea hanno scelto proprio l'Irlanda.

Le società in Irlanda sono tassate con un'aliquota del 12.5% sui profitti. Abbiamo visto come esistano una serie di agevolazioni sotto opportune condizioni per le società operanti in Irlanda (che possono arrivare addirittura ad annullare completamente l'imposizione fiscale per i primi tre anni di attività), ma queste fanno tutte riferimento ad una serie di sgravi fiscali e fondi statali a cui è possibile attingere tramite procedure burocratiche lunghe ed estremamente onerose.

Dunque, i costi di costituzione e di gestione per una società irlandese gestita al meglio diventano estremamente alti, anche se i vantaggi compensano sicuramente questi investimenti. Tuttavia, per un imprenditore digitale, esistono probabilmente opzioni più convenienti che permettono di avere tassazioni inferiori senza la necessità di complicate pratiche burocratiche.

La forma giuridica più utilizzata è quella della LTD, quindi una società a responsabilità limitata paragonabile ad una SRL in Italia, ed è interamente compatibile con la direttiva UE madre-figlia.

Per quanto riguarda le persone fisiche, i dividendi in Irlanda sono tassati al 12.5% se arrivano da società irlandesi o altre società europee o comunque residenti in paesi con cui l'Irlanda ha particolari accordi, mentre il reddito personale è normalmente tassato dal 20% al 40% sul reddito prodotto ovunque nel mondo per i residenti domiciliati, oppure solamente sui redditi prodotti all'interno del paese in caso di un residente non domiciliato sul territorio irlandese.

Olanda

L'Olanda è un altro paese all'interno dell'Unione Europea che garantisce, comunque, una tassazione decisamente più conveniente rispetto a quella Italiana ed una reputazione di tutto rispetto.

In Olanda la tassazione sui profitti esteri è presenta ma relativamente conveniente: stiamo parlando del 19%. I costi di costituzione e di gestione sono relativamente elevati: si tratta, infatti, di un paese molto ricco con un'infrastruttura ottimale, e questo comporta necessariamente anche costi di apertura elevati. I costi di gestione, invece, sono dovuti ai requisiti e agli obblighi di contabilità.

La società è a responsabilità limitata, denominata BV, quindi a livello legale l'imprenditore è totalmente tutelato, e possono essere utilizzate tranquillamente come holding.

E', al pari dell'Irlanda, una buona opzione per

l'ingresso nel mercato Europeo da parte di grandi multinazionali, mentre potrebbe non risultare conveniente per i piccoli imprenditori perché comporta costi di apertura notevoli e vantaggi fiscali che, seppur presenti, possono essere superati da alti paesi extra-UE come i paradisi fiscali che abbiamo visto e vedremo in questo libro.

Il segreto societario non esiste, e sono pubblici sia i soci che gli amministratori delle società, e la tassazione è al 19% sulle somme fino ai 200.000 euro annui, che sale poi al 25% oltre questa somma. Non esistono, comunque, requisiti di capitale da versare durante la costituzione – che può essere fatta anche da soggetti totalmente esteri.

Albania

L'Albania è uno dei paesi più interessanti per noi imprenditori italiani perché, pur non essendo un vero paradiso fiscale, dispone di una fiscalità fortemente agevolata soprattutto in determinate situazioni. Infatti, lo scopo dello stato albanese è quello di attrarre capitali esteri e, come altri paesi analizzati in precedenza, lo fa offrendo vantaggi importanti agli imprenditori che decidono di localizzarsi in Albania, con vantaggi sia per le persone fisiche che per le società.

Esistono ottime infrastrutture per quanto riguarda internet, uffici, rete elettrica e telefonica, al pari dell'Italia. Si tratta inoltre di un territorio geograficamente molto vicino all'Italia e nel quale non è raro poter addirittura parlare la lingua italiana. A questo si aggiunge un costo per la manodopera e per i servizi davvero basso.

A differenza di quanto si pensi comunemente, l'Albania non fa parte dell'Unione Europea e in

Albania la moneta principale non è l'euro ma il lek, sebbene l'euro sia comunemente accettata ed utilizzata. I costi di gestione e amministrazione di una società sono nella media, sicuramente inferiori all'Italia ma superiori ad altre giurisdizioni che hanno meno requisiti formali e burocratici, e la tassazione, seppur ridotta, non è totalmente assente. Si parla, infatti, di un'aliquota del 5% sui piccoli business (ovvero con un reddito che va da 2 a 8 milioni di lek), mentre per i grandi business (oltre gli 8 milioni di lek) l'aliquota è al 15%.

Per il primo anno di attività, comunque, la società sarà esente da tassazione.

Il diritto societario albanese è derivato da quello Inglese, per cui la società risulta essere una LTD (equivalente di una SRL in Italia), con tutti i vantaggi di limitazione di responsabilità per l'imprenditore.

Per quanto riguarda la tassazione personale da reddito lavorativo, si ha un sistema a scaglioni simile all'IRPEF italiano, ma con aliquote estremamente ridotte – si va, infatti, da uno 0% per i redditi inferiori a 30.000 lek, ad un 13% per i redditi fino ai 130.000 lek e infine al 23% per i redditi che superano questa soglia. Anche in questo caso, così come con l'IRPEF, le percentuali più alte si applicano solamente sulla differenza tra le soglie e non sull'importo totale imponibile.

Altro aspetto positivo è la tassazione personale sui dividendi, che è posta al 15%. Questa aliquota si applica anche a royalty, diritti d'autore, interessi sul capitale, redditi da locazione e, in generale, tutte le entrate che non derivano da un lavoro subordinato.

Lussemburgo

Anche il Lussemburgo non è propriamente un paradiso fiscale, anche se gode di condizioni decisamente agevolate rispetto all'Italia e a buona parte dei paesi dell'Unione Europea, sia dal punto di vista personale che societario.

Iniziamo analizzando questo secondo aspetto. Le società in Lussemburgo non sono esenti da tasse, ma sicuramente godono di una fiscalità fortemente conveniente. I costi di apertura e di gestione sono medio-alti relativamente alla media dei paradisi fiscali che abbiamo analizzato in questo libro, ma restano comunque convenienti rispetto all'Italia o agli altri stati UE. La tassazione societaria varia in base a diversi criteri, incluso anche l'area geografica in cui si trova la società. L'aliquota base, comunque, è pari al 28,80% ma è possibile ottenere alcune agevolazioni se il fatturato rimane entro determinati limiti.

Ciò per cui il Lussemburgo è famoso a livello

societario, tuttavia, sono le holding.

Le holding, ovvero società non operative che hanno lo scopo di controllare altre società, godono di diverse agevolazioni e soprattutto non sono soggette ad imposte sul reddito né a ritenute alla fonte, sia su pagamenti di dividendi che su interessi.

Non a caso, infatti, l'architettura fiscale di tantissimi gruppi internazionali fa capo a holding aventi sede fiscale appunto in Lussemburgo.

Per quanto riguarda i redditi personali, invece, il Lussemburgo non è particolarmente interessante perché tutti i redditi, di qualsiasi tipologia, sono tassati. L'aliquota dipende dallo stato civile dell'imprenditore e anche dall'età, secondo una serie di classi che lo stato ha definito, ma non andiamo ad analizzare queste possibilità perché non particolarmente convenienti.

Canarie

Anche le Canarie, al pari di Lussemburgo e Albania, non sono un vero e proprio paradiso fiscale ma dispongono comunque di una pressione fiscale estremamente bassa. Si tratta, infatti, di un arcipelago spagnolo, di diritto membro dell'Unione Europea, ma con diverse agevolazioni in quanto si tratta di una zona economica speciale.

I costi di apertura e gestione sono nella media europea, mentre la tassazione è molto conveniente. Esiste, infatti, una particolare agevolazione che permette alle nuove imprese di godere di un'aliquota al 15% per i primi due anni dall'apertura, dopodiché si passa al 25%.

Non esiste l'IVA all'interno delle Canarie, ma c'è un'imposta simile denominata IGIC che funziona allo stesso modo.

Per quanto riguarda la tassazione personale, anche in questo caso la tassazione esiste ma si può godere di una serie di agevolazioni importanti per cui gli importi versati possono essere spesso rimborsati sotto opportune condizioni.

Tuttavia, queste agevolazioni sono in buona parte assenti per gli imprenditori digitali. A differenza di altri paesi, infatti, il paese non è particolarmente amichevole nei confronti delle nuove tecnologie, e l'economia delle Canarie si basa principalmente sul turismo e sulla ristorazione.

Altri paradisi fiscali

In questo capitolo andremo ad analizzare una serie di altri paesi che sono a tutti gli effetti paradisi fiscali per l'apertura delle società. Li approfondiremo insieme tra loro perché condividono le stesse caratteristiche e gli stessi vantaggi.

Stiamo parlando di:

- Anguilla
- Bahamas
- Belize
- Isole Vergini Britanniche
- Canada
- Isole Cayman
- Delaware
- Florida
- Isole Marshall
- Nevis
- San Vincent
- Samoa

Ad eccezione del Delaware e Florida, questi paesi sono piccole isole con un'economia locale praticamente assente, e sono noti in tutto il mondo come paradisi fiscali fortemente agevolati.

In tutti questi paesi è possibile aprire una società anche con una proprietà totalmente estera. Non esistono requisiti di capitale versato e non ci sono tassazioni sui profitti aziendali, inoltre la contabilità e i costi operativi sono ridotti se non nulli. Si tratta, quindi, di veri e propri paradisi fiscali, dai quali è comunque necessario svolgere attività sul territorio di altri paesi – un imprenditore digitale con società, ad esempio, nel Nevis, difficilmente potrà ottenere clienti locali.

A livello personale, invece, non tutti i paradisi fiscali ottimali per la costituzione di una società permettono anche di ricevere i dividendi senza tassazione. Questo non è un problema, perché abbiamo sempre la possibilità di risiedere fiscalmente, come persona fisica, in un paese diverso da quello in cui ha sede la società, tuttavia è importante pianificare con attenzione la sede della propria società e la sede della propria residenza in modo da risultare esentasse sia a livello aziendale che a livello personale.

I più famosi paradisi fiscali per la residenza personale sono...

- Anguilla
- Bahamas
- Bahrain
- Isole Vergini Britanniche
- Brunei
- Isole Cayman
- Qatar
- Kuwait
- Arabia Saudita
- Nevis
- Emirati Arabi Uniti
- Oman

Avrai notato che parte di questi paesi sono gli stessi della lista precedente (ovvero, sono anche paradisi fiscali per l'apertura di società) ma ciò non vale per tutti: altri, infatti, sono stati che permettono all'imprenditore di ricevere dividendi senza ulteriore tassazione, ma non permettono invece alle società di fare lo stesso.

È opportuno quindi aprire la società in un paese che non tassi gli utili societari, e risiedere in un paese che non tassi il reddito personale.

In tutti questi paesi vige una tassazione dello 0% sui redditi personali, un segreto bancario di buon livello, ed è relativamente semplice effettuare il trasferimento – senza troppi passaggi burocratici o tempi di attesa incredibilmente lunghi.

Black List

Si sente spesso parlare di black list quando si parla di paradisi fiscali.

Esiste una sorta di rating relativo ai paradisi fiscali, organizzati in tre livelli: black list, grey list e white list.

I paesi in black list sono considerati a tutti gli effetti dei paradisi fiscali, dove le società vengono costituite perché la tassazione è inesistente. Vengono spesso visti sotto una luce negativa perché attirano enormi capitali, sottraendoli invece ai paesi più grandi che hanno, invece, una pressione fiscale decisamente superiore.

Ricordiamo, inoltre, che se l'imprenditore risulta residente in un paese in black list, sarà soggetto all'inversione dell'onere probatorio, ovvero sarà responsabilità dell'imprenditore stesso dimostrare di essere sul territorio del paese in black list, e non dovrà essere invece lo stato accusante a dover dimostrare la vostra colpevolezza.

I paesi in white list, al contrario, non hanno alcun tipo di problema perché applicano una tassazione nella norma – in questa lista non ci sono, ovviamente, paradisi fiscali.

La gray list è composta invece da paesi a tassazione non necessariamente nulla, ma comunque fortemente agevolata, nei quali gli imprenditori digitali possono trasferirsi per aprire una società o anche per spostare la residenza fiscale personale, allo scopo di pagare una tassazione fortemente ridotta – ma non nulla.

Architettura Fiscale

L'architettura fiscale dispone come la (o le) società sono organizzate, sia dal punto di vista interno che da quello esterno.

Infatti, internamente potrebbe essere indispensabile organizzare la società con amministratori, direttori, soci, azionisti e quant'altro, mentre esternamente si regolano i rapporti di ogni singola società con le altre società, holding e addirittura con lo stato.

Esistono diversi livelli di complessità nella strutturazione dell'architettura fiscale, ma tendenzialmente si consiglia di procedere con soluzioni semplici, facili da gestire e soprattutto già rodate e testate nel tempo.

Inoltre, l'architettura deve essere pensata per poter essere evoluta e scalabile con l'ingrandirsi dell'azienda, quindi è importante avere sempre un occhio verso il futuro.

Le valutazioni da fare

Dopo aver raccolto tutte le informazioni possibili ed essersi avvalsi di consulenti e professionisti, è fondamentale prendere una decisione sulla base di alcuni elementi base.

Sono, tendenzialmente...

- Tassazione, ovvero la possibilità di avere agevolazioni fiscali dal punto di vista direttamente monetario – questo dipende molto anche dal tipo di business che si sta svolgendo e dalla compatibilità con le agevolazioni che ogni paese offre.
- Conto bancario, perché creare una società che non potrà aprire un conto corrente risulta essere totalmente inutile, e purtroppo è una situazione tutt'altro che rara. È fondamentale quindi anche valutare l'infrastruttura bancaria, la solidità degli istituti di credito nel paese, le prestazioni e i requisiti che ogni banca

chiede per poter aprire il proprio conto corrente personale o societario.

- Architettura, in base ai piani e all'attività, si va a strutturare l'insieme di residenza e società per ottimizzare al massimo la tassazione, la qualità della vita, l'accesso alle infrastrutture ecc.
- Disponibilità economica, perché esistono diverse soluzioni ottimale per ogni situazione, ma talvolta la mancanza di fondi da investire in un'architettura articolata può precludere alcune opzioni che, altrimenti, sarebbero preferibili. Ad esempio esistono paesi come il Principato di Monaco dove, a meno di non possedere un capitale personale importante, non sarà possibile ottenere la residenza fiscale personale.

La struttura interna

Ogni società, pur essendo a tutti gli effetti una persona giuridica, fa capo ad una serie di altre figure – che possono essere persone fisiche o, a loro volta, altre persone giuridiche quindi altre società.

La prima figura è quella del socio o dei soci, ovvero i veri e propri titolari della società, chi prende le decisioni importanti e chi gode dei risultati economici della società. Il socio può essere una persona fisica, ovvero la figura dell'imprenditore, oppure una persona giuridica, come una holding tramite la quale l'imprenditore opera. In caso di più soci, viene costituita la cosiddetta assemblea dei soci.

Il socio ha il potere deliberativo e collegiale all'interno della società, ovvero di scegliere le politiche della società e prendere le decisioni "ad alto livello" sulla direzione operativa della società.

La seconda figura fondamentale è quella dell'amministratore, che può essere anche in questo caso una persona fisica o giuridica, e anche più persone (viene quindi creato un consiglio di amministrazione). L'amministratore ha il compito di mettere in pratica ciò che i soci hanno deliberato e ha quindi il potere esecutivo sulla società.

Una terza figura, talvolta obbligatorio in Italia ma quasi mai nei paradisi fiscali, è l'organo di controllo. L'organo di controllo è un ente che ha il compito di verificare l'operato dell'amministrazione.

È importante specificare che, qualora i soci o gli amministratori fossero delle persone giuridiche, saranno comunque delle persone fisiche a svolgere i relativi ruoli. Infatti, nel caso dei soci, se il socio è una società holding, il reale beneficiario sarà il socio della holding, e così via; per quanto riguarda l'amministrazione, invece, la società amministratrice dovrà nominare una persona fisica come amministratore.

La struttura esterna

La struttura esterna indica l'insieme delle società esterne alla società presa in esame, ad esempio società partecipate o holding, e diverse combinazioni o configurazioni delle stesse.

Prendiamo ad esempio due strutture molto diffuse.

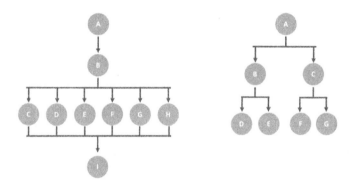

Nella prima struttura, abbiamo una società capogruppo, la società A, che è una holding di una società B, che a sua volta possiede le società C, D, E, F, G e H. Tutte queste società partecipano, infine, al capitale sociale della società I.

In questo esempio di struttura, tutte le società posso anche essere società operative, ad eccezione della società A che è generalmente una holding pura – ma non è necessario che lo sia.

La struttura ad albero invece, ovvero il secondo esempio che abbiamo portato, prevede una capogruppo A che possiede due società, B e C. A sua volta, B possiede altre due società, e C ne possiede altre due.

Andiamo ora a vedere un esempio, decisamente più complicato, che è effettivamente utilizzato da un importante gruppo bancario europeo.

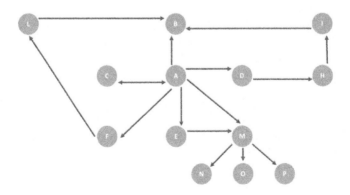

In questo caso, notiamo come la società A e la società C hanno un rapporto bilaterale, ovvero la società A esercita un controllo diretto su C, ma anche C esercita un controllo diretto su A. La società A, inoltre, controlla in maniera unilaterale diretta B, D, E, M ed F, mentre controlla in maniera indiretta anche tutte le altre società evidenziate.

Ogni società del gruppo può dedicarsi a compiti diversi ed essere situata in paesi diversi. Quindi, ad esempio, una società operativa può essere situata dove la tassazione è conveniente per il tipo di attività svolta, mentre un'altra società che detiene i marchi viene aperta in uno stato che non prevede tasse per le royalty. Lo stesso può essere fatto per i brevetti, per la ricerca e sviluppo, per detenere gli asset immobiliari e in generale, si sceglie il paese e la configurazione più conveniente per ogni singola attività che viene svolta dal gruppo.

Con una struttura articolata, quindi,

l'imprenditore potrebbe trovarsi a dover far fronte a spese molto ingenti ma in cambio ottiene un livello di ottimizzazione fiscale e legislativo totale.

La persona fisica

Abbiamo visto che, dopo tutti gli schermi e le architetture, si arriverà sempre e comunque a fare capo ad una (o più) persona fisica. Infatti, tutti i flussi monetari saranno riversati, alla fine, nelle tasche dell'imprenditore.

Nella pianificazione della struttura fiscale e societaria è infatti facile perdere di vista quello che dev'essere sempre l'obiettivo finale della pianificazione, ovvero il massimizzare i flussi di cassa che entrano nelle tasche degli imprenditori – dei soci della holding capogruppo.

Gli obiettivi

Gli obiettivi della delocalizzazione della propria attività possono essere diversi, definiti per scopi aziendali oppure individuali, e sono, ad esempio...

- Lo svolgimento dell'attività d'impresa
- La gestione degli asset mobiliari
- La gestione degli asset immobiliari
- I passive income personali
- Attività di consulenza
- Ecommerce
- Trading
- Diritti di proprietà intelletuale
- Espatriati
- Fini successori

In base al tipo di necessità, ovviamente, la soluzione che si prospetterà all'imprenditore sarà diversa. Non esiste una soluzione universale per tutte le necessità, perché per ogni situazione personale e aziendale ci sono infinite varianti e possibilità diverse per ottimizzare il carico fiscale e burocratico sull'azienda e sulla persona.

La pianificazione, quindi, è un'attività sartoriale che viene fatta direttamente sulle esigenze e sulla situazione personale dell'imprenditore.

Ti invito, quindi, a diffidare da chi ti propone soluzioni "a pacchetto" oppure troppo semplicistiche, perché troppo spesso queste non vengono realizzate sulla base delle tue reali necessità ma solamente su ciò che il consulente conosce ed è abituato a utilizzare – o che ha convenienza ad utilizzare.

I flussi monetari

Abbiamo visto nei capitoli precedenti come sia sostanzialmente inutile aprire una società o cambiare residenza se non si ha una corretta gestione dei flussi monetari.

Infatti, se l'operazione non è pianificata correttamente, potrebbe addirittura risultare impossibile l'apertura di un conto corrente – rendendo vano e addirittura dannoso tutto l'investimento monetario e di tempo che è stato fatto per il trasferimento e per l'apertura della società.

Per flusso monetario, in questo capitolo, faremo riferimento all'utile dell'azienda, quindi alla differenza tra gli incassi e tutti i costi che la società ha sostenuto per generare questi incassi – sia le spese una-tantum, ad esempio un computer, sia le spese costanti, come quelle pubblicitarie.

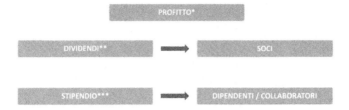

Il primo metodo con cui è possibile ottenere un flusso di cassa dalla società all'imprenditore è il dividendo. Il dividendo è il mezzo con cui l'imprenditore riceve parte degli utili dell'azienda, e i dividendi sono distribuiti in percentuale alla proprietà della società.

Quindi, se un socio possiede il 30% di una società, riceverà automaticamente il 30% dei dividendi. Nel caso di una società a socio unico, il 100% dei dividendi vengono ricevuti dall'imprenditore.

Il secondo mezzo per estrarre soldi dalla società sono gli stipendi. Gli stipendi sono devoluti nei confronti di tutti i tipi di dipendenti secondo quanto stabilito nel contratto, e non in proporzione agli utili della società – al contrario, gli stipendi sono a tutti gli effetti una spesa per la società, e vanno quindi ad abbassare gli utili della stessa.

Tra i dipendenti figura anche l'amministratore, che può essere la stessa persona fisica del socio. In questo caso l'imprenditore riceverà due flussi di cassa diversi: da una parte i dividendi, proporzionali all'utile della società, dall'altra parte una cifra fissa, ovvero lo stipendio per la propria attività da amministratore.

Printed by Amazon Italia Logistica S.r.l.
Torrazza Piemonte (TO), Italy